LETTRE

A MM. LES ÉLECTEURS

ET DÉPUTÉS.

LETTRE

A MM. LES ÉLECTEURS ET DÉPUTÉS,

Par M. PAILLIET, Avocat à Orléans;

OU

CONSIDÉRATIONS sommaires sur l'*Amour de la Patrie*, la *Liberté* et l'*Égalité politiques*, la *Souveraineté du Peuple*, la *Représentation Nationale*, les *Constitutions*, l'*Équilibre des Nations et des Pouvoirs*, les *Conquêtes*, les *Élections*, l'*Esprit qui*, *dans les circonstances actuelles*, *doit animer les Pairs et les Députés*; *ce qu'ils doivent faire et éviter*, *surtout relativement à l'Ordre Judiciaire*.

Est-il d'autre parti que celui de vos Rois? VOLT.

LES états meurent comme les individus : ils se soutiennent et prospèrent par l'amour de la patrie; ils périssent par l'absence de ce sentiment doux et sublime, que les cœurs purs peuvent seuls connaître et apprécier, qui exalte l'ame, dispose les hommes aux grandes actions, les console des plus pénibles sacrifices, et les porte, comme cet autre amour non moins doux, non moins sublime, aimant des sexes opposés, à tout sacrifier au bonheur de l'objet aimé.

L'amour du pays ne germa jamais dans un cœur dépravé : il suppose l'existence de toutes les autres vertus sociales; il a pour cause la sagesse du Gouvernement, et le bonheur qu'il procure à ses administrés. On ne peut aimer un Gouvernement qui ne rend point heureux. L'intérêt est la mesure des affections. Une marâtre ne peut prétendre qu'à l'indifférence. Il n'existe point de patriotisme chez les peuples qui ont vieilli sous de mauvais Gouvernemens. Il leur importe peu de savoir à quel maître ils appartiennent. Flétris par les vexations et par l'infortune, ils ne savent ni défendre un bon Roi que les circonstances leur rendent ni repousser l'oppresseur qui vient essayer de leur préparer de nouvelles chaînes. Un seul exemple, entre mille, conservé par l'histoire, donne la mesure de l'indifférence des peuples qui n'ont point de patriotisme. « La ville de Trèves, » l'une des plus considérables des Gaules, fut prise quatre » fois, et l'insouciance était à un tel point, que les » principaux de Trèves ne se levèrent pas même de » table à l'heure que l'ennemi entra dans la ville ». Dom Bouquet, t. 1, p. 780.

Ils étaient sages les Gouvernemens et heureux les pays qui produisirent ces trois cents guerriers qui, prêts à périr pour le salut de la Grèce, peignaient leur chevelure sur le lieu même qu'ils envisageaient déjà comme leur tombeau ; ces trois frères qui, pour décider du destin de Rome, allaient combattre à mort contre leurs parens et leurs amis; ce Regulus qui retourna volontairement à Carthage pour se livrer à ses bourreaux, ces Washington, ces Francklin, hommes désintéressés qui vécurent dépositaires du pouvoir suprême et moururent simples citoyens.

Voilà les hommes qu'enfante l'amour de la patrie! Honneur aux législateurs qui savent inspirer ce sentiment!

Dans l'état actuel des mœurs françaises, il est étouffé par l'égoïsme qui ne voit que lui et s'isole de tout ce qui l'environne. Si l'on s'occupe de la chose publique, c'est relativement aux avantages que l'on peut en tirer, que l'on a perdus et qu'on voudrait recouvrer. Si l'on a une opinion politique, c'est moins par amour de la patrie que par esprit de coterie : en effet, la patrie entre pour si peu de chose dans l'opinion politique d'un certain nombre de Français, que dans les grandes crises, loin de se lier plus étroitement avec leurs compatriotes, loin d'oublier leurs haines personnelles, pour ne s'occuper que de l'intérêt commun, ils profitent de l'instabilité de la chose publique, pour exercer plus librement leurs petites passions. Que pensera la postérité des Français de 1814 et 1815, quand elle verra qu'il a fallu que l'Europe entière rassemblât deux fois toutes ses forces pour renverser un homme, regardé comme un obstacle perpétuel à la prospérité de la France, depuis les folies de l'Espagne et de Moscou, par ceux-là même qui le jugeaient le plus favorablement; comme autrefois les Princes de la Grèce s'étaient réunis pour détruire le sanglier Calydon ?

L'effet naturel du mal, comme de tous les vices de l'humanité, est de croître. Il importe donc de mettre un terme aux progrès toujours croissans de l'indifférence pour la patrie. Cela n'est point encore impossible.

On peut, en France comme en Angleterre, tirer un puissant parti de ce sentiment personnel et exclusif qui agite la grande majorité de la population française, car il ne faut pas croire que le patriotisme Anglican fasse abnégation de tout intérêt personnel. L'art du législateur est de tirer parti des vices de l'homme pour en former des vertus. Numa ne fit-il pas un peuple de sages d'une bande de voleurs et d'assassins ?

On est sûr du patriotisme d'un homme que son intérêt personnel porte à être patriote. En Angleterre toutes les fortunes particulières sont liées à la fortune publique. Chacun est puissamment intéressé à ce que celle-ci n'éprouve jamais d'ébranlement sensible : conséquemment la grande majorité de la nation est pour le Gouvernement, et le parti de l'opposition ne peut être que très-faible ; il n'est là que pour tenir tout le monde en haleine et rendre les discussions plus piquantes et plus approfondies. On pourrait lier en France une fraction de la fortune individuelle à la fortune publique ; ce qui pourrait se faire par une mesure de finance, laquelle, sans être *onéreuse aux citoyens*, (1) produirait d'immenses avantages au Gouvernement et aux individus. On serait alors véritablement patriote, puisque ne le fut-on pas par amour pour la patrie, on le serait par égoïsme, par intérêt personnel.

Ce moyen serait plus efficace que celui employé depuis vingt-cinq ans par tous les législateurs de la France. Avant de régner sur nous par la terreur, ils ont proclamé les mots *Liberté*, *Egalité*, *Patrie*, *Souveraineté du peuple*, *Constitution*, *Représentation Nationale* ; mais ce n'était là qu'un prestige dont on a voulu éblouir les yeux du vulgaire.

La *Liberté*, comme on l'entend vulgairement, n'est que l'indépendance, et l'indépendance selon moi, est l'assujetissement naturel du plus faible au plus fort, mais la Liberté comme elle a existé chez les peuples naissans où les mœurs étaient pures, ne peut ni subsister ni même s'établir parmi nous. Dès que la conscience ne s'oppose plus à l'ambition individuelle, chacun envisage la Liberté comme un moyen personnel d'avancement. C'est alors la Liberté

---

(1) Voy. mon Projet de finances imprimé chez Darnault-Maurant.

de tout faire : c'est le despotisme de tous contre tous ; c'est une chimère qui se détruit par elle-même. On trouvait autant et même quelquefois plus de tyrannie à Athènes, où le peuple bouleversait tout, qu'en Macedoine, où le prince disposait-à-peu-près de tout. M. Carnot, le coryphée des républicains, n'est-il pas convenu que la révolution française avait été un despotisme continuel ?

On a reproché beaucoup de contradictions à l'auteur du contrat social ; mais la plus étrange et à laquelle on n'a pas pensé, est celle-ci : après avoir conclu que les hommes étaient essentiellement vicieux, il leur attribue une Liberté dont ils ne pourraient user sans être parfaitement vertueux.

Cette erreur, échappée à un homme de génie, a été bien cruellement démontrée par l'expérience que nous en avons faite : cependant aujourd'hui encore, elle semble se propager parmi nous ; mais si dans quelques esprits c'est une illusion que de longs malheurs n'ont pu détruire, dans la plupart, c'est un moyen de séduction mis en œuvre pour employer les propres bras du peuple à lui forger des chaînes.

La Liberté serait-elle donc un de ces êtres imaginaires que l'on poursuit toujours sans pouvoir l'atteindre ? Non, c'est un être réel. La perversité seule en a fait un fantôme. La Liberté est un levain actif qui fermente avec les mœurs, et les dépouille par degrés des opinions grossières qui les corrompent. Elle imprime un grand caractère à toutes les affections de l'homme ; elle trempe son âme au feu des sentimens les plus nobles ; et dans les préjugés qu'elle prépare ou qu'elle entretient pour assurer les habitudes des peuples, toujours on remarque une certaine sévérité de principes, une certaine tendance vers tout ce qui est juste et généreux, qu'on chercherait vainement ailleurs. C'est une manière d'être et de sentir

Elle produit par tout où elle existe le sentiment d'elle-même, sur la vérité duquel il est impossible de se méprendre. Pour mieux apprécier la Liberté, comparons-là à la servitude qui est aussi une manière d'être et de sentir, mais bien opposée dans les causes et dans les résultats. Qu'éprouve-t-on quand on est esclave? une contrainte de facultés. Lorsqu'on est libre, on éprouve donc un développement de facultés.

L'homme est libre par ses affections; il est esclave par ses passions.

Par nos affections les facultés se développent, par nos passions elles se contraignent. Ainsi la Liberté est le résultat de nos affections et la cause de notre bonheur; et la servitude est là où quelque passion nous attend pour nous tourmenter. C'est là tout le secret de la morale profonde de l'Evangile, de cette abnégation de nous-même, source unique de nos vertus qui nous y est tant recommandée, de cette Liberté des enfans de Dieu, dont il est tant parlé dans St.-Paul, et qui n'est autre chose que le développement de nos affections et la destruction des passions qui nous asservissent.

Le Gouvernement qui propagera le plus les affections de l'homme, sera le Gouvernement le plus libéral, et celui qui mettra le plus les passions en mouvement, sera le plus despotique, comme l'homme qui a le plus d'affections est l'être le plus libre; tandis que celui qui a le plus de passions est au contraire le plus esclave.

Les passions sont donc destructives de la Liberté individuelle et de la Liberté publique. Je n'ignore pas que de grands politiques ont pensé que les passions étaient nécessaires à la Liberté, mais leur doctrine n'est point celle de l'Evangile. Selon eux : « la Liberté ne peut se » conserver que par une surveillance inquiette et de » tous les instans. Si elle cesse de s'agiter, elle est perdue.

» Des caractères passionnés lui sont nécessaires pour la
» maintenir. Quand elle s'endort, le despotisme est là
» pour la détruire, et l'époque où elle se repose est
» celle qui la voit décliner et finir ».

Quoi ! la Liberté maintiendrait les hommes dans un état perpétuel de crainte et d'inquiétude, elle aurait besoin d'efforts pour se soutenir, d'opposition pour durer, de mouvemens tumultueux seulement pour *être* !

Une pareille Liberté n'est que l'anarchie, le désordre, la servitude, c'est la Liberté de la révolution française; c'était aussi celle des Grecs et des Romains quand cessant d'avoir des mœurs saines et paisibles, et conséquemment d'être libres, ils se livrèrent à cet esprit de licence et de faction qui les a si souvent tourmentés, et qui après des oscillations plus ou moins longues, les a conduits au despotisme des Césars.

Une pareille Liberté ne serait qu'une jouissance vivement espérée, et qu'il faudrait toujours perdre, sitôt qu'on s'occuperait d'en jouir.

Il n'y a point de Liberté sans repos, non ce repos que la crainte accompagne et que le despotisme produit toujours; mais ce repos que la confiance établit et que maintient la sage observation de toutes les lois de la nature, ce repos qui naît de toutes les habitudes sociales heureusement développées, ce repos qui fait que l'homme aime à vivre avec l'homme, et que ce qui convient à chacun n'est que ce qui convient à tous.

Quoi ! les hommes n'auraient-ils donc été répandus sur la terre que pour y employer le tems si court qui leur est donné, à se disputer vainement et sans profit, sur la manière dont ils doivent y vivre ? Faudrait-il donc croire que le bonheur est dans l'agitation et le malheur dans le repos ? Et parce que le spectacle des passions aux prises avec les passions a toujours quelque chose d'éclatant et qui plaît à notre orgueil, serions-nous assez dupes de cet éclat imposteur pour perdre de vue notre destination essentielle dans ce monde, et préférer l'abus, le tourment de nos facultés, à leur naturel et légitime usage ?

L'Egalité parfaite n'existant point dans la nature elle ne peut trouver sa place dans l'état de civilisation. Il ne peut y avoir égalité de droits, là où il y a inégalité de facultés. Les priviléges proscrits en 1792, n'avaient fait que changer de possesseurs, et tel s'est trouvé depuis duc, comte, qui avait voté l'abolition des titres de duc et de comte; mais il est une Egalité possible, et c'est celle-là dont on a tant parlé pendant la révolution sans la réaliser, c'est celle qui donne à tous les hommes ayant les mêmes moyens intellectuels et moraux, le droit d'aspirer aux mêmes dignités ; mais la souplesse de l'intriguant et la trompeuse apparence du tartufe seront toujours là pour tromper le dispensateur des places, tant qu'il ne se donnera pas la peine de rechercher lui-même le mérite et la vertu.

La Patrie. On a dit les raisons qui la rendaient chère ou indifférente ; mais depuis vingt-cinq ans elle n'a été considérée en France que comme une victime à dépouiller, comme une prostituée sur laquelle chacun s'est empressé d'assouvir ses infâmes désirs.

Certes, ils n'étaient pas les véritables partisans de la Liberté et de l'Égalité, ceux qui avaient proscrit la féodalité monarchique et avaient rétabli la féodalité militaire et les majorats.

Certes, ils n'aimaient pas la Patrie, ces ingrats qui abusèrent de ses propres forces pour l'asservir, qui semèrent sur elle les flambeaux de la discorde pour avoir l'occasion de proscrire et d'égorger leurs frères, ces enfans qui employèrent à déchirer son sein les armes qu'elle avait confiées pour la protéger ; ces hommes qui prodiguèrent son sang et ses trésors pour assouvir leur ambition insensée, et qui attirèrent sur elle la haine et la vengeance de tous les peuples, sans autre but que d'acquérir eux-mêmes une honteuse célébrité ; ceux enfin qui l'ont défigurée de telle sorte, que ses fidèles enfans cherchent en vain à reconnaître ses traits chéris, sous l'affreuse plaie qui les recouvre.

Sans examiner la question diversement résolue à qui appartient la *Souveraineté*, il est assez démontré par l'histoire que les premiers chefs des peuples furent des soldats heureux, ou des politiques adroits et que la force et l'adresse ont d'abord été les seuls titres à gouverner les hommes. La sagesse du Gouvernement avec le secours du tems, a consolidé la puissance, et l'absence d'obstacle l'a rendue héréditaire. Quant au peuple, il n'a choisi ses chefs qu'autant de tems que ceux-ci n'ont pas été assez puissans pour se maintenir malgré lui, et l'histoire le démontre encore, car il n'existe pas une seule république qui ne soit devenue monarchie. Quoiqu'il en soit, dans nos mœurs corrompues, la Souveraineté du peuple ne pouvait être et ne sera jamais qu'une source de calamités. C'est au nom du peuple qu'ont parlé tous les dépositaires de l'autorité depuis vingt-cinq ans, mais ne cherchant que leur intérêt, ils n'exprimaient jamais son véritable vœu. Aussi le peuple n'a-t-il jamais été satisfait. Tout ce qui était dit ou fait d'après son vœu présumé, était précisément contraire à sa volonté réelle.

Sans examiner non plus, si les Constitutions des états doivent être le résultat d'une convention entre les peuples ou leurs représentans et les chefs qu'ils se donnent, ou qui veulent le devenir, j'observerai que Thésée et Licurgue dictèrent leurs lois de la manière que l'on reprochait à Louis XVIII d'avoir octroyé sa Charte ; que la *magna charta* dont l'Angleterre s'énorgueillit a été octroyée par le seul Monarque, et les publicites Anglais pensent qu'elle n'en est que plus rigoureusement obligatoire pour les Rois ses successeurs. Il est plus honteux, disent-ils, de manquer à des promesses librement énoncées, qu'à des conditions qu'on vous impose. Il ne convient pas à ces publicites versatiles qui ont tour-à-tour vanté les Constitutions impraticables de la démocratie, et les Constitutions serviles de l'empire, de condamner une Charte qui, toute incomplète (1) qu'elle est, nous a du moins procuré quelques-unes des jouissances de la Liberté, une Charte qui a rendu à nos représentans le droit de la discussion et celui de l'initiative, et qui attira au Roi le reproche si honorable pour Sa Majesté, de n'être pas assez royaliste, reproche que souvent Louis XVIII s'entendit faire au milieu de sa Cour.

L'acceptation des Constitutions par le peuple n'est ni une garantie de leur bonté ni de leur durée. L'expérience l'a prouvé.

Pour justifier ce mode d'acceptation, on dit bien que chaque homme plaçant ordinairement dans ses résolutions son intérêt privé avant l'intérêt général, par cela même le parti adopté par la majorité est celui qui est conforme aux intérêts du plus grand nombre ; or, l'intérêt de la majorité du peuple est l'intérêt public et le vœu du plus grand nombre est réputé celui de tout l'Etat ; mais rien n'est plus commun que de voir la majorité d'un peuple poussée à prendre le plus mauvais parti, celui le moins favorable à son bien être ; et cela arrive en effet toutes les fois que l'opinion publique est égarée. S'il est vrai, comme on n'a cessé de le répéter, que

---

(1) C'est un aveu que le Roi fait lui-même, dans son ordonnance du 13 juillet dernier.

c'est la majorité du peuple qui a entraîné tous les événemens de nos jours, on ne nous persuadera pas que les fléaux qu'ils ont attirés sur lui soient des résultats heureux et de son choix.

On a imaginé en France, depuis la révolution, d'exposer aux yeux du peuple des registres, dans lesquels chaque citoyen souscrit son vœu, et on a cru que la compulsation de ces signatures suffisait pour reconnaître le choix de la majorité, et par conséquent le vœu général. Si on l'a jugé ainsi de bonne foi, on a commis du moins une méprise. D'abord, qui sont ceux qui établissent ces registres, recueillent les votes, les compulsent et en publient les résultats? Ce sont les membres d'une autorité constituée. Cette autorité précédait donc le vœu du peuple. Est-ce le peuple qui l'a établi ; et dans ce cas, quel motif peut la porter à provoquer son vœu? ou bien cette autorité n'a pas été établie par le peuple et alors, quel droit a-t-elle de réclamer son opinion, de la recueillir, de s'en établir dépositaire?

Cette autorité, quelle qu'elle soit, existe ; et puisqu'elle a assez de force pour provoquer l'avis des citoyens, leurs votes ne sont plus parfaitement libres ; car, quelle influence ne doit-elle pas exercer sur leurs déterminations?

Si un peuple est consulté de cette manière sur le sort de son Gouvernement, et que sa réponse ne consiste que dans l'expression la plus simple de l'adhésion ou du rejet ; dans un oui, ou un non ; si encore la saine majorité de la nation est de l'avis du rejet : de sorte que l'intérêt public exprimé, par cette majorité, entraîne l'exclusion du Gouvernement, il est probable, malgré cela, que le Gouvernement sera adopté contre l'intérêt public.

On m'accordera facilement par suite du principe général qui fait que chaque homme place avant tout son intérêt privé, que la presque totalité des fonctionnaires du Gouvernement existant, donnera son adhésion, parce que les avantages qu'ils possédent sont attachés au sort de ce qui existe ; et voilà déjà une classe entière qui émettra son vote contre l'intérêt public.

Mais quelle influence ces mêmes agens du Gouvernement n'exerceront-ils pas sur les votes du peuple ? La majeure partie des individus de cette classe, soit insouciance, défaut de capacité, ou défiance d'eux-mêmes, s'en rapportent ordinairement sur les grands intérêts politiques, aux avis du petit nombre de ceux qui, plus éclairés, ou plus adroits, ont attiré leur confiance ? Et, qui est plus à portée de s'emparer de cette confiance que ceux qui sont en possession de l'autorité ? Ils sont à même de diriger l'opinion du citoyen, de flatter ses intérêts et de le séduire.

Le peuple, peu accoutumé à s'occuper des affaires d'état, aurait besoin pour fixer son jugement sur ces matières, qu'une discussion contradictoire l'éclairât. Dans la méthode du scrutin, chaque individu se trouve isolé, en présence de celui qui reçoit son vote et abandonné ainsi à ses propres lumières ; tel motif de persuasion qui n'eût point agi sur lui si une discussion le lui eût fait approfondir, suffit pour le déterminer lorsqu'il lui est présenté en particulier.

Un Gouvernement qui réclame de cette manière le vœu du peuple sur son sort, est bien assuré d'avance de réunir le plus grand nombre de votes en sa faveur. Les ignorans se prononceront pour l'adhésion, parce qu'ils ne comprennent pas pourquoi ils diraient le contraire, et qu'en approuvant ils se croient dispensés de donner des raisons ; parmi ceux d'une opinion opposée, les citoyens timides s'abstiendront de souscrire le rejet, dans la crainte de se compromettre vis-à-vis de ceux qui sont pour le moment en possession du pouvoir ; et les insoucians qui forment la classe la plus nombreuse ne s'approcheront pas du registre.

Ainsi, en accordant que la plus scrupuleuse exactitude ait régné dans l'inscription et le dépouillement des votes, exactitude qui peut exister, mais qui ne pourra jamais être évidemment démontrée, puisque ces opérations sont exclusivement confiées au soin des parties intéressées ou de leurs agens, on voit que le Gouvernement réunira en sa faveur le plus grand nombre de souscriptions, contre le vœu de la majorité du peuple et de l'intérêt général.

Un Gouvernement pour se consolider n'a pas besoin de semblables registres; car s'il en était ainsi, il n'est sur la terre aucun Gouvernement qui fut bien établi.

La Représentation Nationale est une conséquence du principe de la Souveraineté du peuple. C'est une brillante théorie qui a conduit Louis XVI à la mort, et n'a produit que des désastres. On la croyait une garantie contre le despotisme d'un seul, et le règne de Napoléon nous a prouvé qu'elle en était au contraire un moyen, dans une nation vieille et dépravée. Le Sénat et le Corps Législatif n'ont-ils pas été les complices de Bonaparte, en lui fournissant servilement les sommes et les hommes qu'il demandait pour des conquêtes dont l'effet inévitable devait être toutes les calamités que nous éprouvons aujourd'hui?

Cependant il y aurait de l'inconvénient à dédaigner un mode pour ainsi dire devenu une habitude nationale, et dont d'ailleurs on peut tirer un excellent parti dans les circonstances présentes, par une sage composition de la représentation. Je ne conseillerai donc point de rétablir les anciens parlemens, lâches sous les Rois despotes, ambitieux et frondeurs sous les Rois faibles, et qui, sans doute, vu la dégradation des mœurs et l'esprit cupide du siècle, vaudraient encore moins à présent qu'ils ne valaient jadis.

Mais il faudrait n'admettre dans cette représentation que des hommes indépendans par leur fortune, et surtout par leur moralité, doués de grands talens et de grandes lumières. Si l'on en excepte l'Assemblée Constituante, dans laquelle il y avait beaucoup d'hommes de cette classe, et qui cependant a commis des fautes bien graves, les autres assemblées qui l'ont suivi n'étaient, sauf quelques exceptions, composée que d'hommes médiocres et serviles quand ils n'étaient pas méchans, comme le grand nombre de ceux qui étaient entrés dans la Convention.

On sent que si la nomination des représentans continue à être sujete aux abus antérieurs, si les choix tombent encore sur les plus intrigans ; si dans les chambres l'ambition personnelle y combat encore contre le bien public, et si l'esprit de parti l'emporte toujours sur la majorité, on ne peut rien attendre de bon des Représentations Nationales.

Il importe donc que les Electeurs se pénètrent de toute la dignité et de l'importance de leur ministère; qu'ils sachent que c'est au mauvais choix des représentans autant qu'aux fautes de Napoléon, que la France a dû, deux fois, la présence onéreuse des étrangers sur son sol.

Il importe d'écarter des nominations tous les citoyens qui ont été revêtus jusqu'à présent des fonctions législatives, sauf quelques députés que leurs talens et la moralité de leur conduite politique recommandent. L'investissement du pouvoir représentatif, qui n'impose en réalité qu'une mission temporaire et délicate, semble s'indentifier par une longue possession avec la personne, de sorte à être envisagé par elle comme un droit acquis, un titre naturel, inhérent, devant lequel les devoirs bornés de mandataires temporaires s'évanouissent insensiblement.

Ces gens-là regardant leur rang et leur emploi comme une sorte de patrimoine, restent toujours absorbés dans la seule pensée de ne pas se compromettre et d'attendre en silence le résultat des événemens.

Il importe aussi d'éloigner de la représentation les hommes trop jeunes et ceux qui sont trop âgés. Si l'énergie a trop souvent manqué à ceux-ci, ceux-là n'ont donné que trop de preuves d'une funeste légéreté. A vingt-cinq ans on manque d'expérience, à soixante l'amour du repos est un besoin ; on lui sacrifie tout ; on est généralement égoïste : on ne peut servir l'Etat que par des vœux. Si les jeunes gens ont fait la révolution, les hommes mûrs ont été leurs complices en ne s'y opposant pas. On n'est pas moins coupable par son inertie que par ses actions. A trente ans l'homme est arrivé à la moitié de sa carrière, il est capable de tout ce qu'il y a d'utile et de grand ; s'il est arrivé irréprochable jusqu'à cet âge, s'il a acquis des lumières et des talens, s'il a de la grandeur dans l'ame, de la magnanimité dans les sentimens, il est digne d'entrer dans la Représentation Nationale : il servira bien son pays.

Mais les citoyens appelés dans les chambres, devront-ils imiter ces artisans de Constitutions, ces charlatans déhontés de politique auxquels nous devons nos malheurs ?

Ils ne devront pas s'écarter des bornes de leur mandat : la Constitution existe ; ils n'auront d'autres fonctions à remplir que de veiller à la chose publique, de concourir avec le Roi à reconstituer l'état militaire, à concilier les variétés idéales d'opinion, à réunir tous les sentimens dans le sentiment unique de l'amour de la patrie et du Gouvernement, à reformer l'ordre administratif et judiciaire, à restaurer les finances, le commerce, les arts, les manufactures, à protéger les droits civils et améliorer l'état réel du peuple.

Le premier de leur soin devra être de bien marquer la distinction des pouvoirs et l'équilibre qui doit régner entr'eux.

Si la révolution qui s'est opérée en France en 1789, a violemment retenti dans toute l'Europe, si elle a directement ou indirectement produit tous les changemens de dynasties, tous les déplacemens de trônes, toutes les commotions intérieures, toutes les guerres, toutes les calamités, qui, depuis un quart de siècle, couvrent la terre de cadavres, de décombres et de ruines, c'est pour avoir violé le principe de l'équilibre politique. Si les autres parties de la terre ont plus ou moins été froissées par ses grandes secousses; si l'Amérique fût le théâtre de plusieurs révolutions dont le souvenir effraye encore l'imagination, si un homme qui dans son ambition avait projeté la conquête de la terre, pénétra en Afrique à la tête d'une armée de Français, et attira dans la France des peuples sortis de l'Asie, et qui ne la connaissaient pas, c'est encore pour avoir violé le principe de l'équilibre politique.

Il en est des corps politiques comme des corps célestes. Il existe entr'eux une pondération que l'on ne peut rompre impunément. (1) Détachez de la voûte des cieux un des astres qui la parent et contribuent avec les autres à la vivification de l'univers : vous romprez l'équilibre du monde naturel et la terre ne sera bientôt plus qu'un grand incendie ou un fleuve immense. Réunissez deux ou trois états sous la même domination, l'équilibre politique sera incessamment détruit. Le Monarque trop puissant voulant encore le devenir davantage, les autres états seront sa proie, et le monde politique ne sera plus qu'un grand cimetière affaissé sous le poids des ruines.

---

(1) *Liberati ponderibus suis.* Cic.

Si le déluge n'avait pas eu pour cause la colère de Dieu, on aurait pu l'attribuer à l'aberration de quelque corps céleste qui, rompant l'équilibre général, submergea le corps sublunaire que nous habitons.

La cause des révolutions politiques intérieures et extérieures, provient toujours de la rupture de l'équilibre qui doit exister entre les divers élémens qui les composent. Au moral comme au physique, il n'y a que ce qui résiste qui soutient. Toutes les fois que l'autorité du Monarque plie devant l'autorité nobiliaire ou populaire, le Gouvernement monarchique se change bientôt en un Gouvernement olygarchique ou républicain. Toutes les fois que l'autorité des nobles ou du peuple cède trop à l'autorité envahissante d'un seul, le Gouvernement ne tarde pas à devenir arbitraire. Toutes les fois qu'un état devient plus puissant que l'état voisin, et n'est pas contenu par un état d'une puissance égale, il manifeste bientôt l'esprit de conquête, et le premier succès est toujours la cause d'un second, lequel devient cause de beaucoup d'autres.

L'équilibre une fois rompue, de jour en jour, devient plus difficile à rétablir, et le poids qui l'emporte accroît sensiblement en pesanteur. C'est ainsi que vous avez vu Rome, successivement soumise à des Rois, à des Consuls, à un Sénat, à des Tribuns et puis à un Empereur, et tour-à-tour selon le côté vers lequel penchait le plus la balance des pouvoirs, gouvernée par les nobles, subjugués par les prolétaires ou par un chef unique. (1)

---

(1) L'autorité a rarement renoncé à ses acquisitions, même à celles qui l'exposent à des dangers. On se formera une idée de l'avidité du pouvoir, qui semble être la maladie contagieuse des grandes places, si l'on pense que Tite, Neron, Trajan, les Antonins et Marc-Aurèle, n'eurent pas la générosité ou le courage d'établir

Ainsi, dès que Philippe eut détruit l'équilibre politique qui maintenait l'indépendance des différens états de la Grèce, l'asservissement de toute la Grèce aux Rois de Macédoine, fût dès-lors assuré ; ainsi la conquête de la Perse fût pour Alexandre la cause de l'envahissement d'une grande partie de la terre ; ainsi chaque conquête de l'Empire Romain, devint la cause et fournit les moyens d'une autre conquête.

Monarques qui voulez rester sur vos trônes, arrêtez dès ses premiers pas, celui d'entre-vous qui veut agrandir son territoire au préjudice du territoire de son voisin : c'est un ambitieux qui déjà convoite vos états.

Vous, hommes dépravés, qui croyez conquérir la véritable gloire par les seuls succès militaires, lisez attentivement l'histoire : elle vous apprendra que ces succès ont toujours été éphémères, qu'ils ont toujours affaibli le vainqueur et le vaincu, qu'il a toujours fallu, qu'après des mouvemens plus ou moins orageux, l'équilibre et le calme se rétablissent.

A quoi ont servi les conquêtes d'Alexandre ? à rompre un équilibre qui s'est violemment rétabli sous ses successeurs.

A quoi ont servi les conquêtes des Romains ? à rompre le dernier équilibre, pour le voir ensuite péniblement reconstitué à leurs dépens.

à Rome une monarchie limitée. Marc-Aurèle, respecta les lois, dit Lyttelton; mais s'il eût voulu agir autrement, les Romains n'auraient pu l'empêcher. Ils furent donc réellement aussi esclaves sous son règne que sous celui de Commode son fils. *Père infortuné ! Malheureux Roi ! ajoute le philosophe anglais, que la monarchie absolue et exécrable, puisque les vertus mêmes de Marc-Aurèle, n'ont pu l'empêcher de faire la ruine de sa famille et le malheur de sa patrie, qu'aussi longtems qu'il a vécu !* (Dialogue des morts.)

A quoi ont servi les conquêtes de Napoléon? Français qui aimez votre pays, répondez.

Dieu! d'un pareil fléau n'affligez plus la terre. *Delille*. (1)

Les conquêtes ont cependant encore dans nos tems modernes, des enthousiastes. On ne trouve pas la terre assez grande. L'homme reproche à l'homme de trop facilement se multiplier. On regarde la guerre comme un mal nécessaire. Elle enlève dit-on le superflu, le luxe de la population.

Ces assertions sont autant d'horreurs homicides. On fait souvent une nécessité d'une mauvaise habitude, et on prend ordinairement un vieux préjugé pour une raison.

Selon le comte de Landerdale, le territoire Anglais pourrait nourrir environ cent millions d'habitans. J'admets qu'il n'en puisse nourrir que quarante-cinq, ce qui paraîtra rigoureusement vrai, à tous ceux qui ont des connaissances positives en physique et en agriculture. Le territoire Anglais n'a que quatorze millions d'habitans. l'Angleterre pourrait donc être longtems en paix sans craindre un excès de population. Il en pourrait être de même de tous les autres états dont la population, pourrait sans inconvéniens croître en raison des produits possibles du sol.

Voyagez et vous serez étonnés de trouver dans les pays où l'agriculture a fait le plus de progrès des quantités incommensurables de terres incultes ou qui ne sont pas convenablement cultivées. Vous êtes environnés d'immenses déserts, et vous craignez de manquer de terre pour vous placer. Calculez l'étendue de terrain nécessaire pour la nourriture d'un homme, vous verrez que les terres connues peuvent nourrir plus d'hommes qu'il

---

(1) *Dii! talem terris avertite pestem.* Æneidos, lib. 3.

n'en peut exister. Si vos calculs s'étendent au-delà des bornes possibles, songez qu'il reste plus de terre à découvrir que de moyens pour les peupler, et que, quand les Gouvernemens seconderont de nouveaux Christophe Colomb, ils seront plus embarrassés des terres découvertes que de leur population.

Quelle misérable idée que celle de craindre de n'avoir pas assez de terre, et d'avoir trop de frères et trop d'enfans ! L'homme prendra-t-il toujours son égoïsme pour de la prudence, son ignorance pour les bornes du monde et pour l'indigence de la nature ! Qu'il ouvre le grand livre de l'univers, il y verra plus de ressources que de besoins, plus de choses et d'entreprises dignes d'ambition, qu'il n'a de désirs ! La personnalité rétrécit l'homme et ses facultés. L'amour de ses semblables étend et dilate son être, il lui découvre des richesses dont l'avarice la plus savante n'a pas même l'idée. Homme ne crains donc jamais que la terre ou la nourriture te manquent !

Ennemi de la guerre offensive, je suis loin de croire à la possibilité d'une paix perpétuelle entre tous les peuples qui ont des relations respectives. Il n'y a d'immuable dans la nature que l'Être Suprême qui l'a créé. Tout le reste a un terme. D'anciennes races ont disparu. Les mers ne suivent pas toujours leurs cours originaire, tour-à-tour elles inondent et découvrent de nouvelles plages. Des précipices dont l'œil ne peut appercevoir le fonds, sont creusés dans des lieux où d'autres hommes voyaient des montagnes inaccessibles. La civilisation règne dans des pays jadis barbares, et la barbarie semble indigène chez des peuples autrefois civilisés. Les Empires et les Monarques ont été déplacés, et les richesses après avoir porté l'abondance et le luxe chez certaines nations, l'en retirent pour les répandre dans d'autres contrées : elles s'accumulèrent jadis à Tyr et à Sydon, passèrent ensuite à Carthage, puis à Rome : elles séjournent maintenant en Angleterre : si arrêteront-elles long-tems ?

Quelles étonnantes et nombreuses vicissitudes présentent à l'observateur attentif, l'histoire de la nature et de l'homme ! Le monde et l'homme sont-ils donc bien vieux ? Le monde n'est encore qu'une jeune machine, et l'homme ne sera longtems qu'un grand enfant. Tout cela n'a pas duré deux cent trente-trois générations de mortels, en n'évaluant même chacune qu'à vingt-cinq ans. Que d'événemens précipités dans l'abyme du tems ! Que d'hommes conquis par la mort !

Le passé rend modeste et confus. Vous que l'ambition et l'orgueil dévorent, ne jetez jamais les regards en arrière si vous ne voulez point appercevoir votre prochaine humiliation ! Vous qui aspirez à faire votre bonheur du bonheur des autres, et qui voulez élever un édifice que les années respectent plus longtems, que le passé soit pour vous la leçon de l'avenir !

Français, instruits par vingt-cinq ans d'orages politiques, victimes de vos propres erreurs, des crimes et de l'ambition de ceux qui ont voulu devenir vos maîtres, retrempés par une longue expérience du malheur, vous connaissez tout à-la-fois les dangers de la licence et du despotisme, vous voyez qu'il n'y a de durable que les institutions de la modération et de la sagesse, que l'anarchie marche sur des volcans entr'ouverts et que la servitude est une longue agonie !

Les pouvoirs qui composent le Gouvernement sagement pondérés, on n'aura plus à craindre le renouvellement de l'anarchie ni du despotisme, de même que si toutes les puissances européennes établissaient entr'elles un équilibre de forces, on n'aurait plus à redouter ces guerres d'invasion si continuelles depuis vingt-cinq ans, et qui rappellent les tems de la barbarie. Le repos ou des mouvemens égaux, est la position naturelle de balances parfaitement pondérées.

Avant Richelieu, les parlemens, le clergé, les corps intermédiaires avaient une grande autorité qui servait de contre-poids à l'autorité royale. Les partisans du pouvoir arbitraire regardaient cela comme un mal : ce n'était qu'un obstacle salutaire. Tous les ministres depuis Richelieu firent les plus grands efforts, pour diminuer et détruire progressivement cette autorité subalterne. Louis XIV dans ses mémoires détaille avec complaisance tout ce qu'il avait fait à cet égard ; il se félicite de l'accroissement de sa puissance devenue illimitée ; il s'en fait un mérite envers les Rois qui doivent le remplacer sur son trône. Louis XIV écrivait vers l'an 1666 ; cent vingt-trois ans après, Louis XVI périssait sur un échafaud, sa famille était fugitive et le trône renversé. Richelieu et Louis XIV ont peut-être été les premières causes de ce grand bouleversement. (1) Ils ignoraient que les institutions qu'ils attaquaient, en servant de barrière au pouvoir royal, lui servaient en même tems de point d'appui ; car je le répète, il n'y a que ce qui résiste qui soutient ; le roseau flexible sur lequel vous vous appuyez accélère votre chute. Les parlemens, le clergé, les corps intermédiaires, dépouillés de leurs antiques prérogatives contribuèrent tantôt activement, tantôt par un système de négation et d'inertie, à saper un trône, qui depuis, s'écroula plus particulièrement sur eux. Le peuple ou plutôt ses meneurs, envahirent le pouvoir absolu, et le despotisme dans tout ce qu'il a de plus horrible fut exercé sans mesure, tantôt par la multitude, tantôt

---

(1) Voyez les principes professés par Montesquieu, Esprit des lois, liv. 8, ch. 7.

par ses chefs collectivement ou individuellement. Le pouvoir populaire n'ayant qu'une marche inégale et vagabonde, présenta le spectacle du désordre et de l'anarchie, jusqu'au moment où la France éprouva le sort de la république Romaine, tombant sous le despotisme prétorien. Le pouvoir militaire sans contre-poids dans la constitution de l'état pour diriger ou contenir ses mouvemens, abandonné à lui-même, marcha au hasard et se perdit. La Nation mécontente, découragée, se laisse deux fois envahir. S'il fallut à César dix ans de fatigues, de travaux et de négociations pour soumettre les Gaulois, étrangers à l'art militaire, mais amans de leur pays et de leur Gouvernement; il ne fallut que quelques semaines pour obtenir le même résultat, aux Souverains conjurés contre Napoléon, sans appui dans l'opinion et qui ne régnait pour ainsi dire que dans les casernes. Terrible expérience qui prouve sans réplique la nécessité des pouvoirs intermédiaires et restrictifs !

On a longtems cru que le principe de l'équilibre était une idée révolutionnaire. C'était le jugement de l'ignorance. « Je conclus avec Platon, dit Cicéron, (Frag. Républic.) lib. 2 „que la meilleure forme de Gouvernement est-elle qui offre l'heureux mélange de la royauté, de l'aristocratie et de la démocratie ». C'était ce qu'avait fait Licurgue à Sparte. (Architas in Storb.) Ecoutons Polybe : « Le plus parfait de tous les Gouvernemens serait celui dont les pouvoirs se serviraient de contre-poids, où l'autorité du peuple réprimerait la trop grande puissance des Rois, et où un Sénat choisi mettrait un frein à la licence du peuple ». (Polyb.; Except., lib. 6, cap. 8 et 9.) Tacite an. 4, 33, partageait cette opinion. M. de Chateaubriant, dans le génie du Christianisme s'est montré le panégyriste de ce beau système de la pondération des pouvoirs, tant calomnié.

Il importe encore de faire de légères réformes à l'ordre administratif, trop compliqué et trop dispendieux.

L'ordre judiciaire, moins imparfaitement composé, laisse cependant quelques améliorations à désirer. C'est du choix des juges que tout dépend : même avec de mauvaises lois, de bons juges à qui on laisse une certaine latitude, trouvent encore moyen de faire le bien ; mais les meilleures lois n'empêchent pas de mauvais juges d'en abuser pour faire le mal. (1) Il est surtout à souhaiter que tous les magistrats acquièrent cette immutabilité de caractère devenue bien rare, depuis que de fréquentes révolutions et les progrès toujours croissans de l'esprit de circonstance, ont fait de la mobilité des opinions et de la versatilité des sentimens, une espèce de caractère indigène.

Quelques esprits s'occupent de l'ordre judiciaire sous un rapport purement fiscal. Ils proposent ou de rendre les charges vénales, ce qui selon eux produirait, de suite, une ressource de plus de 100 millions, ou de ne plus payer les magistrats, ce qui diminuerait le passif annuel de l'état de plus de 20 millions.

Il importe de répondre à cela. Il est vrai qu'autrefois on regardait la vénalité comme mine inépuisable et une des principales ressources de la finance. Si les vieilles idées sont souvent bonnes, elles sont aussi quelquefois mauvaises. La vénalité peut assurément être placée dans cette dernière classe. (2) Son abolition est un bienfait inappréciable ; son rétablissement serait une calamité.

---

(1) *Plus valent boni mores quàm bonæ leges.* Tacit. de morib. Germanorum, cap. 19.

Quid leges sinè moribus vanæ proficiunt. Horat.

(2) Ce n'est sans doute pas dans un sens favorable que Boileau disait sous Louis XIV :

L'argent seul au palais peut faire un magistrat.

A-t-on oublié que le misérable systême de la vénalité, sans exemple chez les anciens, sans imitation chez les modernes, fût généralement désapprouvé, et a même imprimé une tache indélébile sur la mémoire du chancelier Duprat, qui en fut l'inventeur?

La vénalité des charges présente les plus graves inconvéniens, en ce qu'elle prive le Monarque du choix des fonctionnaires, et qu'elle repousse de la magistrature ceux qui ont de l'instruction, de la sagesse et des vertus, pour y placer, par préférence, ceux qui n'ont que de l'argent.

Elle devient un principe actif de corruption, en ce que ceux qui ont acquis une place à prix d'argent sont communément très-disposés à en tirer parti, c'est-à-dire, à lui faire produire le plus fort revenu possible. (1)

Voici comme s'exprime *Pasquier*, en parlant de Henri III : « c'est à lui que la France doit le débordement général en fait d'offices ; car il serait impossible de dire en combien de façons il fut, en cet endroit, *ingénieux à la ruine de soi et de son état* ». (2)

Le marquis d'Argenson, qui avait été dans le cas de bien apprécier, durant son ministère, les abus de la vénalité, est un de ceux qui se sont élevés avec plus de force contre cet usage ; il va jusqu'à déclarer que *les maux causés par l'usurpation des fiefs, ne lui semblaient rien en comparaison des mauvais effets de la vénalité des offices*.

---

(1) Croyez disait le premier président Guillard, à François 1er., que ceux qui auront acheté si cher la justice, la vendront et ne sera cautelle ni malice qu'ils ne trouvent. (Observ. sur l'histoire de France, liv. 7.)

(2) Voyez dans la conférence de Fontanon, t. 2, p. 573, l'édit de ce prince, du mois de juillet 1586, pour les résignations et les survivances.

Louis XII, le modèle des Rois sages, révoqua par son ordonnance de 1508, la vénalité des offices, en témoignant le plus grand regret de l'avoir établie. (Lebret, de la souveraineté, liv. 2, ch. 8.)

François Ier. exprima le même repentir dans une lettre qu'il écrivit de sa propre main au parlement de Paris, et que rapporte Lebret, loc. cit.

Si en rétablissant la vénalité, on ne rétablissait pas les mêmes prérogatives qui y étaient attachées, on trouverait aujourd'hui difficilement des acquéreurs, et si on rétablit les anciennes prérogatives, on renouvelle des abus proscrits par l'opinion publique et dont les dangers sont connus, on fait revivre ce pernicieux esprit de vanité, qui engage à renoncer aux établissemens de commerce au moment où, par l'accroissement de sa fortune, on pourrait y donner la plus grande étendue : époque précieuse où l'on est plus que jamais en situation de lier ses travaux et son industrie à l'avancement de la prospérité de l'État ; c'est alors, en effet, que les capitalistes peuvent se contenter d'un moindre intérêt de leurs capitaux et qu'ils peuvent faciliter par des avances le commerce d'exportation ; c'est alors qu'ils peuvent hasarder davantage, et ouvrir par des entreprises nouvelles, des routes encore inconnues.

Cependant Montesquieu *semble* approuver la vénalité. (1)

Voici, comme il s'exprime, liv. 5, ch. 19. « Convient-
» il que les charges soient vénales ? Elles ne doivent pas
» l'être dans les états despotiques, où il faut que les

---

(1) On se tromperait étrangement si on prenait à la lettre tout ce que dit l'auteur de l'Esprit des lois. Le Gouvernement sous lequel il écrivait, l'obligeait à une grande circonspection. On peut consulter le ch. 5 du liv. 15, pour exemple de ce que j'avance.

» sujets soient placés ou déplacés dans un instant par
» le Prince ».

« Cette vénalité est bonne dans les états monarchiques :
» parce qu'elle fait faire, comme un métier de famille,
» ce qu'on ne voudrait pas entreprendre pour la vertu ;
» qu'elle destine chacun à son devoir, et rend les ordres
» de l'Etat plus permanens. *Suidas* (1) dit très-bien
» qu'Anastase avait fait de l'empire une espèce d'aristo-
» cratie, en vendant toutes les magistratures ».

« Platon (2) ne peut souffrir cette vénalité. C'est, dit-
» il, comme si dans un navire on faisait quelqu'un pilote
» ou matelot pour son argent. Serait-il possible que la
» règle fût mauvaise dans quelqu'autre emploi que ce
» fût de la vie, et bonne seulement pour conduire une
» république ? Mais Platon parle d'une république
» fondée sur la vertu, et nous parlons d'une monarchie.
» Or dans une monarchie où, quand les charges ne se
» vendraient pas par un réglement public, l'indigence et
» l'avidité des courtisans les vendraient tout de même, le
» hasard donnera de meilleurs sujets que le choix du
» Prince. Enfin, la manière de s'avancer par les richesses,
» inspire et entretient l'industrie ; chose dont cette espèce
» de gouvernement a grand besoin ».

Quant à la mesure qui tend à rendre gratuites les places
de l'ordre judiciaire, elle serait très-préjudiciable à un
grand nombre de magistrats actuels qui n'ont d'autre
distinction que le savoir, l'intégrité, la modestie, ou
n'ajoutent à cette honorable et précieuse distinction
qu'un modique patrimoine. Il faudrait nécessairement
que ces jurisconsultes vénérables qui composent le plus grand
nombre et que l'on ne pourrait certainement remplacer

---

(1) Fragmens tirés des ambassades de Constantin Porphyrogénite.
(2) Rép. liv. 8.

dans la classe opulente, par des hommes d'un mérite égal, il faudrait, dis-je, qu'ils cessassent de siéger sur les fleurs de lis, et rentrassent dans la foule des citoyens.

Cette absence de toute rétribution envers les juges est injuste, contraire aux usages anciens, impolitique, et sous tous les rapports ce serait une mesure financière mesquine.

Elle est injuste, parce que tout citoyen qui remplit des fonctions dans l'Etat, doit être salarié par l'Etat. La Patrie ne doit pas moins de reconnaissance à un juge de paix qui remplit honorablement ses fonctions, qu'au ministre dépositaire de la puissance et de la fortune nationales.

Montesquieu assigne un lot à chaque profession : les richesses à ceux qui lèvent les tributs, la gloire et l'honneur à la noblesse.... *Le respect et la considération à ces ministres et à ces magistrats qui ne trouvent que le travail après le travail, veillent nuit et jour pour le bonheur du Royaume.*

On a conclu de ce passage, que l'on doit retrancher les appointemens des magistrats, ou du moins les réduire à l'intérêt de la finance de leur charge, parce que, dit-on, un salaire en argent est incompatible avec la dignité de leur ministère.

C'est ainsi que l'on abuse des citations pour étayer les opinions les plus absurdes. En disant que la magistrature doit être environnée de respect et de considération, Montesquieu a-t-il prétendu que les magistrats ne dussent recevoir aucun traitement pécuniaire ? La preuve du contraire, c'est qu'il les compare aux ministres; et certes, personne ne s'est encore avisé de soutenir que le ministère fût une fonction gratuite.

Si, faute de traitement, le juge tombait dans l'indigence, pense-t-on qu'il pût inspirer longtems le respect et la considération ?

Et comment le salaire du juge serait-il incompatible

avec la dignité de son ministère ? Le Roi dont certainement le ministère ne doit pas avoir moins de dignité, n'a-t-il pas la liste civile ? Les princes du sang n'ont-ils pas des rentes appanagères ? Les plus grands fonctionnaires n'ont-ils pas des appointemens ?

Abandonnons cette objection ridicule, elle ne mérite pas l'honneur d'être réfutée.

On dit que les honoraires de la magistrature forment une surcharge onéreuse au trésor. Mais l'administration de la justice n'a jamais été si productive qu'elle l'est aujourd'hui. Elle donne lieu à une incommensurable consommation de papier timbré, à des droits d'enregistrement et de greffe d'un produit non moins incommensurable. Tous les actes de procédure doivent être enregistrés et grossoyés sur papier timbré ; aucune pièce ne peut être produite en justice sans avoir été également timbrée et enregistrée. Le fisc perçoit en outre, sur tous les jugemens et arrêts, un droit de greffe ou d'expédition, et un droit proportionnel sur le montant des condamnations. Je citerai à l'occasion de ce droit de greffe, un passage de Mezerai, qui en explique l'origine. « Sous le règne de Charles VIII, le Roi faisait tous les ans un fonds de quelques six mille livres pour payer l'expédition des arrêts du parlement, *afin que la justice se rendît tout-à-fait gratis*. Sous celui de Louis XII, un malheureux commis auquel on avait confié ce fonds, l'emporta et s'enfuit. Le Roi désirait en faire un autre ; mais comme il était fort pressé d'argent pour les grandes guerres qu'il avait à soutenir, quelque flatteur lui fit entendre que les parties ne seraient point grevées de payer ces expéditions. En effet, elles n'eurent pas d'abord grand sujet de s'en plaindre, parce qu'elle ne coûtaient que six blancs, ou trois sous la pièce ; mais depuis cette dépense s'est infiniment augmentée, et on ne peut pas dire sans étontiement jusqu'à quel point elle est montée aujourd'hui ».

Ah ! bon Mezerai, l'abus dont vous avez indiqué la source est bien empiré ! Non-seulement le fisc a cessé de fournir les frais de ces expéditions ; mais, outre les droits de timbre et d'enregistrement assez nouvellement établis sur les jugemens et arrêts, il perçoit encore un droit de greffe sur chaque expédition, qui excède beaucoup celui payé au greffier, véritable expéditionnaire.

Ne soyons pas surpris si par tout on se plaint que la justice est plus dispendieuse qu'elle ne le fût jamais. Cette plainte n'est que trop fondée, puisque toutes les perceptions du fisc, relatives aux poursuites judiciaires, sont incomparablement plus fortes qu'avant la révolution. Qu'il soit permis de le dire, les financiers ont eu trop d'influence sur la fixation de ces droits ; ils n'en ont pas prévu tous les inconvéniens ; ils n'ont pas considéré sur-tout qu'en les portant si haut, ils fermaient à tous ceux qui ne pouvaient les acquitter l'accès du temple de la justice, et ce sont précisément ceux-là qui ont le plus souvent besoin d'y recourir. Au lieu d'être distribuée gratuitement, c'est-à-dire, aux frais du trésor public, elle forme pour le fics une branche de revenu considérable, qui excède de beaucoup la dépense. Ceux qui proposent de rétablir les épices, c'est-à-dire de grever encore les plaideurs par une nouvelle taxe, veulent-ils donc que le sanctuaire de la loi, semblable à ces écueils trop célèbres, consomme la ruine et la perte de tous ceux qui auront le malheur d'en approcher ?

Puisque la finance a cru pouvoir, sans inconvénient, soumettre l'administration de la justice à ses spéculations, du moins faut-il que les honoraires des juges soient acquittés en première ligne, sur le produit de ce genre de recettes.

Le défaut de rétribution en faveur des magistrats judiciaires, est contraire aux usages anciens. Sous les deux premières races, les ducs et les comtes, qui exerçaient la magistrature, tenaient de la munificence du Roi des bénéfices amovibles d'une valeur proportionnée à leurs services. Ils jouissaient en outre des *freda* ou amendes judiciaires, qui étaient d'un produit d'autant plus considérable que les peines afflictives n'étant presque d'aucun usage, la plupart des délits donnaient lieu au paiement de la *composition*, c'est-à-dire, à des dommages-intérêts envers la partie, et au paiement du *fredum*, c'est-à-dire, de l'amende envers le juge. (1)

Pendant la durée du régime féodal, les fonctions judiciaires furent la principale source de la fortune des seigneurs. Le *fredum*, que l'on appela ensuite *bannum*, devint une taxe arbitraire, extrêmement productive, et, pour en donner une idée, il suffit de rappeler que le clergé ayant usurpé une partie du pouvoir judiciaire, au tems des croisades, montra la plus vive résistance, quand on voulut ensuite le forcer à rentrer dans les limites de sa juridiction. Les prélats, chargés de défendre ses prétentions, furent obligés d'avouer que les émolumens de l'officialité faisaient leurs plus grandes richesses, et qu'ils seraient ruinés, si on les en privait. (2)

Sous le régime parlementaire, les magistrats reçurent des gages qui furent dans l'origine proportionnée à l'importance et à la dignité de leur ministère. (3) Ils s'arrogeaient en outre une contribution non moins arbitraire, et bien plus odieuse que le *fredum* : ce sont les épices.

Que l'accusé convaincu fût passible d'une amende proportionnée par la loi à l'énormité de son crime, et

―――――――――――――――――――――――

(1) Décret de Clotaire II, an 595. Esprit des lois, liv. 30, ch. 20.
(2) Observation sur l'histoire de France, liv. 3, ch. 4.
(3) Hist. du Parlement de Paris, ch. 3.

que le produit de ces amendes fût appliqué à l'indemnité des juges, il n'y avait rien en cela qui pût choquer les convenances ; mais que le juge imposât lui-même à son profit une taxe arbitraire sur ceux qui recouraient à son tribunal, qu'il fut contraint de faire en quelque sorte, acheter la justice, voilà ce qui compromettait réellement son auguste caractère.

La manière dont les juges usèrent de la faculté d'exiger les épices, les exposa plus d'une fois à la censure du Gouvernement. Le chancelier *Lospital* (1) leur reprocha à ce sujet avec beaucoup d'énergie, de se laisser dominer par la cupidité, l'avarice et le plus servile intérêt. Certes, leurs fonctions n'étaient pas alors gratuites.

Dans le dernier siècle, les gages des magistrats ne se trouvèrent plus en proportion avec leurs services. Mais ils avaient tellement augmenté leurs épices, que plusieurs conseillers de grand-chambre en retiraient plus de vingt-cinq à trente mille francs par année. D'autres recevaient des pensions de la Cour ; et, ce qu'ils estimaient davantage, ils jouissaient d'un grand nombre de priviléges non moins lucratifs qu'honorables. Ils acquéraient la noblesse transmissive, qui emportait l'exemption à perpétuité pour eux et les leurs, de la taille et autres impositions accessoires, des corvées, bannalités, milice, logement des gens de guerre et autres assujettissemens personnels. Ils avaient les droits exclusifs de pêche, de chasse et autres de même nature. Ils avaient la certitude que leurs descendans, jusqu'à la dernière génération, seraient appelés par préférence à occuper les places les plus éminentes et les plus lucratives dans le clergé, le militaire ou la robe. D'un autre côté, l'influence que les

---

(1) J'ai suivi, contre l'usage général, l'orthographe de la signature même de ce grand magistrat. Voy. le Dict. des grands hommes.

magistrats avaient obtenue dans l'administration des affaires publiques, leurs procurait un grand crédit, et leur faisait courir des chances de fortune et d'ambition, selon qu'ils étaient plus ou moins exercés dans l'art de l'intrigue; car alors beaucoup de magistrats étaient intrigans, et la révolution en a fourni une nouvelle preuve. Aussi lorsqu'un particulier était parvenu à faire une grande fortune, il n'avait rien tant à cœur que d'acheter une charge de conseiller au parlement. Quoique le prix de ces places fût très-élevé, le titulaire s'en trouvait toujours amplement dédommagé par les priviléges et les exemptions d'impôts qui y étaient attachés. (1)

C'en est assez sans doute pour dissiper l'erreur de ceux

---

(1) C'est surtout l'influence politique des magistrats qui flattait l'ambition des riches. Ce qui le prouve, c'est que le prix des charges de haute magistrature décuplait durant les troubles civils, et diminuait extrêmement, lorsque l'ordre était rétabli. Or, voici l'explication naturelle de cette variation singulière dans les prix. Les troubles civils décèlent toujours la faiblesse du Gouvernement; et les parlemens n'ont jamais manqué de profiter de ces intervalles de faiblesse pour s'immiscer dans l'administration générale de l'Etat. Alors, chaque magistrat devenant une puissance ; les ambitieux de tous les ordres, désirant sortir de la nullité et de l'oubli où les retenait leur génie étroit, s'empressaient d'acheter à tout prix des charges qui ouvraient la vaste carrière de l'intrigue. Mais, dès que le Gouvernement reprenait assez d'énergie pour renfermer les magistrats dans leurs attributions, la concurrence cessait d'avoir lieu, et le prix des charges diminuait. C'est ainsi, par exemple, que Colbert fit offrir à Fouquet, pour sa charge de procureur-général, jusqu'à dix-huit cent mille francs, valant plus de trois millions et demi d'à-présent; tandis que le duc de Guise n'avait vendu celle de grand chambellan du Roi, au duc de Bouillon, que huit cent mille francs. Voltaire, qui rapporte cette anecdote, ajoute : « Le prix excessif des places du parlement, si diminué depuis, prouve quel reste de considération ce corps avait conservé dans son abaissement même..... C'était la fronde, c'était la guerre de Paris qui avait mis ce prix aux

3

qui pourrait croire qu'avant la révolution les magistrats exerçaient gratuitement les fonctions judiciaires.

Le défaut de rétribution envers les juges serait impolitique. Il est certain que la magistrature judiciaire est une des professions qui exige le plus d'instruction et de travail. Les lois devenues plus nombreuses et plus compliquées en raison des progrès de la civilisation et de la multiplicité des rapports sociaux, forment aujourd'hui une science longue et difficile à acquérir. Ceux qui se destinent à remplir les fonctions judiciaires, doivent consacrer leur vie toute entière à la méditation. C'est ce que le célèbre avocat-général *Servan* a parfaitement exprimé par cette phrase : « la lampe du magistrat qui travaille pour le public, doit s'allumer longtems avant celle de l'artisan qui ne travaille que pour lui-même ».

S'il faut tant de qualités pour former un bon juge, les bons juges doivent être rares. Ils l'étaient avant la révolution, ils le sont davantage aujourd'hui. Que sera-ce donc si un magistrat instruit et intègre est obligé de descendre du tribunal, parce qu'il ne sera pas assez riche pour acheter sa charge et juger gratuitement ses semblables ? Si en choisissant dans toutes les classes de citoyens, on a de la peine à composer un tribunal, que sera-ce donc quand on ne pourra plus choisir que dans la classe des hommes opulens ?

On dit que des magistrats riches en répandant autour d'eux un grand air de magnificence rendront le temple de la justice plus majestueux et les lévites plus vénérables. Erreur sacrilège ! La qualité de magistrat dé-

---

charges de judicature. Si c'était un des grands défauts et un des grands malheurs d'un Gouvernement longtems obéré, que la France fût l'unique pays de la terre où les places fussent vénales, c'était une suite du levain de la sédition, et c'était une espèce d'insulte faite au trône, qu'une place de procureur du Roi coûtât plus que les premières dignités de la couronne ».

mande une dignité modeste et grave et non pas de l'éclat. Les cours de justice ne doivent pas être des théâtres de parade. La confiance et la considération publiques ont toujours été accordées aux juges, en raison inverse du luxe et du faste qu'ils ont établi, et en raison directe de la simplicité, du mérite et de la sagacité qu'ils ont fait paraître. (1)

---

(1) Le grand d'Aguesseau s'est élevé avec autant de force que d'éloquence contre le faste de la magistrature, dans les deux discours qu'il prononça aux mercuriales de 1700 et 1703. Je ne puis résister au plaisir d'en rappeler une ou deux phrases.

« Le magistrat, dit cet orateur célèbre, sait que l'on méprise souvent de près ceux qu'on avait révérés dans l'éloignement ; qu'il doit paraître étranger dans le pays de la fortune ; qu'il lui est glorieux d'en ignorer les lois, et souvent jusqu'à la langue même ; que c'est une terre qui dévore ses habitans, et surtout ceux qui la préfèrent au repos de leur patrie ; que le magistrat y devient odieux, s'il en condamne les mœurs ; méprisable, s'il les approuve ; coupable, s'il les imite...... On ne le verra donc point, frivole adorateur de la fortune, aller avec tant d'autres magistrats brûler un encens inutile sur ses autels. Si la fortune veut se servir d'un homme de bien, il faudra qu'elle l'aille chercher dans l'obscurité de sa retraite ; mais à quelque degré d'élévation qu'elle le fasse parvenir, elle ne pourra jamais lui faire perdre l'ancienne gravité de ses mœurs, et cette austérité rigoureuse qui sont comme les gardes fidèles de sa dignité ».

« Disons-le hardiment : comme il n'y a qu'une vie dure et sévère qui assure parfaitement l'innocence du magistrat, elle seule peut aussi conserver l'éclat pur et naturel de sa simple majesté... Loin de sa demeure l'excès d'une magnificence inconnue à nos pères, et dont nous rougirions nous-mêmes, si les mœurs n'avaient prescrit contre la raison. Le séjour du sage magistrat n'est orné que de sa seule modestie. Si le Prince veut renfermer le luxe dans des bornes légitimes, sa maison pourra servir de modèle à la sévérité des édits, et l'exemple d'un particulier méritera de devenir une loi de la république ».

« Accoutumé à porter de bonne heure le joug de la vertu, élevé dès son enfance dans les mœurs rigides de ses ancêtres, le magistrat comprend bientôt que la simplicité doit être, non-seulement la

N'y a-t-il pas à craindre en composant les tribunaux d'hommes seulement opulens, qu'ils ne confient à des subalternes le soin d'instruire les procédures, de préparer les rapports, de rédiger les actes judiciaires; ce qui renouvellerait les abus les plus déplorables. (1)

Mais est-on assuré de trouver assez de gens riches qui consentiraient aujourd'hui à payer des charges gratuites? J'en doute. Je crois même que les magistratures judiciaires n'étant plus accompagnées des prérogatives qui, jadis flattaient l'orgueil et l'ambition, elles ne seront pas recherchées par eux.

ERRATUM.

Après ces mots qui terminent le premier alinéa de la page 15; il servira bien son pays : lisez, M. Dupin déjà célèbre au barreau, estimé de la nation, honoré de la confiance du Monarque, n'a-t-il pas prouvé que le talent n'a point d'âge? Nos regards ne sont-ils pas frappés de l'éclat avec lequel un jeune jurisconsulte, préside tout à-la-fois les prêtres de la loi et les comices de la nation?

---

compagne inséparable, mais l'ame de sa dignité; que toute grandeur, qui n'est point simple, n'est qu'un personnage de théâtre, et, si l'on peut s'exprimer ainsi, qu'un masque emprunté, qui tombe bientôt, pour laisser à découvert la vanité de celui qui le portait......»

(1) Observ. sur l'histoire de France, liv. 4, ch. 2. On sait que lorsque les magistrats s'en rapportaient entièrement pour le travail du cabinet, à leurs secrétaires, ceux-ci mettaient à contribution les plaideurs, et trafiquaient de l'influence que leur donnait la rédaction du rapport.

A ORLÉANS,

Chez DARNAULT-MAURANT, Imprimeur-Libraire, rue des Basses-Gouttières, n°. 2. (Août 1815.)

www.ingramcontent.com/pod-product-compliance
Lightning Source LLC
Chambersburg PA
CBHW061018050426
42453CB00009B/1516